김영수金永秀 시인·수필가·여행작가

서울대학교 법대 졸업
연세대학교 경영대학원 졸업
계간 <스토리문학> 등단

수필집

『내가 본 네모진 하늘』
『에덴으로 가는 길』
『집 나간 황소를 찾아 뉴 잉글랜드로 가다』
『내가 본 아름다운 마을들』
『서울사람 시골살기 시골사람 서울 통근하기』
『해안선에 남겨진 이름들』

시집

『지금 내 눈앞에 조용히』

이메일 : yuyu@yuyutour.com

문학공원 기획시선 7

지금 내 눈앞에 조용히

김영수 시집

2015ⓒ김영수

문학공원

… 첫 시집을 발간하며

  여러 해 전 어느 시인의 집을 방문하였습니다. 그 분은 시를 쓰기 위해 서울에서 시골로 내려오신 분이었습니다. 산이 있고 물이 있는 양수리에 잔디가 푸르게 깔린 집을 보고 한 눈에 시 쓰기에 최적이라는 생각이 들어 이사를 온 것이었지요. 그런데 그분은 그 뒤로 시를 쓰지 못했습니다. 잔디밭에 난 잡초들을 뽑고 계절에 따라 피어나는 꽃을 돌보기에 마음과 몸을 다 빼앗겼기 때문이었지요. 그래서 그분은 다시 서울로 가기로 마음먹었습니다. 그때 저는 직감적으로 그분의 시의 원천은 도시의 삭막함이었다고 생각했던 적이 있었습니다.

이번에는 제가 다람쥐, 올빼미 등과 어울려 살던 산골생활에서 도시의 아파트로 쫓기듯 나왔습니다. 그랬더니 이내 시(詩)라는 형태의 글들이 줄줄이 나오는 것이었습니다. 이틀이 멀다 하고 거의 매일 시가 머리 밖으로 튀어나왔습니다. 쓰고 고치고 또 쓰고, 그야말로 아파트의 삭막함이 시의 원천임을 증명이라도 하듯이 무엇인가 하고 싶은 이야기들이 음률을 이루며 튀어 나왔습니다.

처음에는 광활한 영종도에 세찬 바다 바람이 고층아파트들 사이에 몰아칠 때, 텅 빈 대지가 안개로 가득 차올라 아무것도 보이지 않을 때만 나오던 시가 차차 그 경우가 다양해지기 시작했습니다. 날씨가 좋아져 무한대로 시야가 트이고 푸른 바다가 끝 모르게 전개될 때 그리고 포장된 보도 불럭들의 틈 사이로 비집고 올라온 작은 풀꽃들을 발견 하였을 때, 높다란 아파트들 사이로 황조롱이가 유영하고 딱따구리가 정원의 느티나무 등걸에서 딱

따르르, 까마귀가 까악까악 울며 날아오르고 이팝나무의 꽃향기가 가득히 동네에 차오를 때면 자연의 리듬이 찾아오는 것을 느끼고는 하였습니다. 자연이 인간들의 구조물과 어우러져 가는 현상을 본 것이지요. 그것은 생명 현상이었습니다. 저는 바로 이 삭막함 속에도 찾아드는 자연의 생명감, 그 생명의 리듬을 표현하고 싶었습니다.

고려의 재상을 지낸 시인 이규보 선생은 1,000년 후 독자를 연상하며 부끄럽게 느껴지는 시 수백 수를 아궁이에 넣어 태워버렸다고 하는데 제가 아궁이에나 들어가야할 불쏘시개거리를 세상에 내놓는 것이나 아닌지 심히 염려됩니다. 이규보 선생은 밥 먹듯이 시를 생산해내셨지만 저는 둔재여서 고민하고 고민하며 어렵게 써온 시이기도 하고 내일 어떻게 될지 모르는 나이이기도 하여 큰마음 먹고 세상을 아궁이로 생각하고 내놓기로 하였습니다. 세상이라는 아궁이 속에서 불에 타 조금이나마 생명의 에너지에 보탬이 되었으면 하는 마음입니다.
  평소 시작詩作을 위해 많은 가르침을 주신, 사랑 받는 시인이며 스토리문학 발행인이신 김순진 대표께 깊은 감사를 드립니다.

2015년 여름

김 영 수 올림

차 례
첫 시집을 발간하며 _ 4

제1부, 미소 짓는 바위가 되리
황석공_14 / 바위가 되리_15 / 미소 짓는 바위가 되리_16 / 호숫가의 미소 짓는 바위가 되리_17 / 죽음 앞에서_18

제2부, 내 마음이 흐르는 곳
갈등_22 / 잃었던 고향 샹그릴라_23 / 50년 이야기_24 / 통증_25 / 장막 뒤의 너_26 / 나_27 / 웃어야지_28 / 마음속에 칼날이 있다_29 / 명암_30 / 완성_31 / 등불_32 / 유배지_33 / 내 살아 있음은_34 / 부활_35 / 스님의 글_36 / 분열하는 영혼_37 / 어리석음_38 / 공력_39 / 나는 노래하리라_40 / 흐르는 구름 머무는 내 마음_42 / 회오리_43

제3부, 자연 그리고 인간
슈퍼 문 Super moon_46 / 능소화_47 / 산중의 불빛 하나_48 / 유씨의 꿈_49 / 눈이 오다_50 / 억새의 노래 · 1_51 / 억새의 노래 · 2_52 / 억새의 노래 · 3_53 / 억새의 노래 · 4_54 / 억새의 노래 · 5_55 / 억

새의 노래 · 6_56 /억새의 노래 · 7_57 억새의 노래 · 8_58 / 자비의 빛_59 / 바람_60 /자연과 인공_61 / 인간들의 합창_62 /인간은_64 / 미세먼지의 안개바다_66 / 석양_67 / 화살나무에 단풍이_68 /화살나무_69 /갈대_70 / 바람 · 1_72 /바람 · 2_73 / 바람 · 3_74 /문명 랩소디_76

제4부, 연주회, 전시회
양방언 연주회에서 · 1_80 / 양방언 연주회에서 · 2_81 / '위안부 할머니의 눈물' 연주회에서_82 /매화 그림 한 점_83 / 이중섭 미술관에서_84 / 김광로 화백의 인도 그림 전시회에 부침_86 /"사슴, 자연을 노래하다" 시연회에서_87 / 고려인 빅토르 문의 그림 전시회에서_88

제5부, 친구들
대환 형의 가는 길에 드림_90 / 튀긴 누룽지_92 / 최종고 교수의 인물학회 문학관 개소에 부쳐_93 / 자기부상열차 시승_94 /이융재_95 /반가운 사람들_96 / 가든파티_97

제6부, 사계四季

봄소식_100 / 매화 밑에서_101 / 봄비가 내린 정원에서_102 / 봄이 오는 모습_103 / 봄을 기다리며 · 1_104 / 봄을 기다리며 · 2_105 / 봄을 기다리며 · 3_106 / 폭풍우 속에서_107 / 창문을 열면_108 / 가을이 묻어 들다_109 / 가을내음_110 / 가을의 소리 그리고 색_111 / 겨울채비_112 일렁이는 풀잎 사이에서_114 / 겨울 길_115 / 찬바람_116

제7부, 바다를 노래하다

저녁 바다_118 / 천의 얼굴, 바다_119 / 불 위를 유영하는 도깨비가 되다_120 / 면이 된 바다_121 / 안개 낀 바다_122 / 두 개의 항구_123 / 추석 바다_124 / 두 얼굴_125 / 만조_126 / 지금 내 눈앞에 조용히_127 / 불꽃놀이_128 / 빛 · 1_129 / 빛 · 2_130

제8부, 정적靜寂

정적은 우주의 리듬_132 / 고요의 늪 속에서_133 / 정원에 없었던 것은_134

제9부, 우주

오리온 좌_136 / 얼굴 뒤에 숨은 것은_137 / 내려온 별 올라간 별_138 / 계명성_139 / 은하수가 흐르던 밤_140 / 달빛이 밝아_141 / 달빛_140 / 달_144

제10부, 하늘

하나가 아닌 하늘_146 / 하늘을 그리다_148 / 꿈-허허로움은_150 / 하늘의 모습_151

제11부, 여행

숲으로 들어간 사람_154 / 거제도로 가네_156 / 왕인 박사 유적지에서_157 / 백록담_158 / 4.3기념관에서_160 / 제주 곶자왈_161 / 카르카소네의 성 니콜라스 성당에서_162 / 스페인 세비야 대 성당에서_164 / 에딘버러의 홀리루드 궁에서_165 / 카우아이의 밤_166 / 마우이의 해변에서_167 / 와이메아 계곡에서_168 / 그랜드캐니언에 서서_169 / Petrified 국립공원에서_170

제12부, 나라

의병이 건진 나라_172 / 나는 묻는다_173 / 우리에겐 희망이 있다_174 / 세월호 침몰 해역에서_177

제13부, 시간

시간은 가고_180 / 새벽 · 1_181 / 새벽 · 2_182/ 시인 이규보_183

1부
미소 짓는 바위가 되리

말 하는 것은 괴로움이었습니다
무엇이던 표현하고 나면 항상 부족함을 느꼈기에
바위처럼 침묵을 지키는 것이 차라리
제대로 표현 하는 길이었습니다

황석黃石 공公

처음이었다
바위 앞에서 가슴이 울렁거린 것은
마치 영겁을 돌아와 다시 만난
옛 친구를 보듯
안아주고 싶고 살을 부비고 싶어
다시 보고 또 다시 보았더니 거기에
내가 있었다
말 없는 돌 하나가 있었다

부처였다.
내소사 뒷산 정상에
자비 가득한 부처의 얼굴이 있었다
아! 부처님하며 놀라 멈칫하였는데
바위산 하나
말없이 석양에 빛나고
범종소리
골자기에 가득 차오르고 있었다

바위가 되리

창문을 열어 놓았더니
봄내음이 방안에 가득 해졌다
문득
바위도 봄을 느낄까 생각해본다

움츠렸던 겨울을 지나 기지개를 펼 때에도
황석공과 청마 선생은
한갓 바위가 되어
생명도 망각한 채
꿈꾸어도 깨뜨려져도
소리하지 않겠다고 하였는데
나는
흐르는 물도
푸른 이끼도 찾아 들고
아지랑이도 피어오르는
미소 짓는 바위가 되련다

미소 짓는 바위가 되리

하늘은 나에게 말씀 하신다

깊은 바다 속으로 잠기고
천장의 산봉우리 위에 놓여져도
억년의 침묵만을 지키다가
해초며 소나무도 뿌리 내리고 풍파에도 씻겨
종국에는 산산이 모래가 되는
그러면서도 미소 짓는
바위가 되라 하신다

호숫가의 미소 짓는 바위가 되리

죽을까 하는 생각에 잠이 깨어 거실로 나오니
세상은 온통 찬란한 불빛

황금빛 꼬리를 어두움에 드리고
두 줄기 하얀 가로등 불빛이
멀리멀리 이어지는 하늘 도시의 광야
그 광야의 끝머리 반짝이는 공항에는
쉴 새 없이 섬광을 내며 항공기들이
오르고 내리고

가로 세로, 세로로 가로로
붓으로 그려 낸 빛들의 강이 흐르는
인간이 만든 아름다움이 나를 사로 잡는다
나는 그 환희의 모습에
나를 잊은 것 같아
잔잔한 파동이 이는 호숫가의
미소 짓는 바위를 연상한다

죽음 앞에서

"내 영혼을 받으소서"

꿈이었다
어제에 이어 오늘 또 다시
죽음으로 가는 꿈을 꾼 것이다

죽음의 문턱에서
나는
완성되지 못한 나를 본다
쓰고 있는 글
그리던 그림
지나온 세월 항상 그렇듯
정상에서 한 걸음 못 미쳐 주저앉은
미완성의 덩어리를
하늘이시어
굽어 살피시고
마지막 완성을 이루게 하소서

보아도 들어도
빙긋이 미소만 짓는
바위가 되게 하소서

2부
내 마음이 흐르는 곳

내 마음은 항상 정처 없이 흘러갔습니다
그야말로 마음대로인 이 마음을
흐르는 모양 그대로 적어보기로 했습니다

갈등

갈등은 창조의 어머니!
머리에서는 이렇게 얘기 하지만
실마리는 풀리지 않고
감정은 얽혀가고
마음에는 회오리 이는데
그 속에 용 한 마리 있어
하늘로 오르려 하네

잃었던 고향 샹그릴라

바다가 포근하게 다가오는 저녁이 되면
내 마음 가득 온갖 이야기들이 반짝이고
먼 산 넘어 아득한 바다 손짓하며 나를 부르는데
그곳은 내 잃었던 고향, 샹그릴라
그 휘황한 빛 바다 지나면
돌아올 수 없는 저승이 있구나

50년 이야기

반 백 년이 잠깐이다
오늘도 이루지 못한 일들을 생각한다
세계를 돌며 신의 뜻을 찾아보겠다는 꿈도
교회를 세우겠다는 다짐도
아직 끝나지 않은 여정이지만
기록을 남기겠다는 생각 하나
춤을 추며 오늘도 강물되어 흐른다
아! 이 흐름의 끝에는 우담바라
그 꽃이 피리라

통증

찬바람이 몰아치는 정원에는 아직
다 붉어 지지 못한 단풍이 햇볕을 기다리고

치통에 시달리는 나는
통증이 가라앉기만을 기다리는데

내일은 햇볕도 쪼이고
통증도 가라앉으려나

장막 뒤의 너

터질 듯 머리 밖으로
막 튀어나오려고 하는
장막 뒤의 너는
너는
너는

새벽마다
나를 깨우는 저 암묵의 손은
손은
손은
나에게 그 손을 잡으라 하나
오늘도
오늘도
나의 이 짧은 공덕의 팔로
허공만을 휘젓는다

나

지팡이 집고 확대경 들고
허리 굽으려
세상을 돌던 내 앞에

구름 한 점
바람 한 점
그리고
하얀 도화지 한 장

웃어야지

이것은 경고다
이것은 천형이다
이것은 칼날 품은 자비다

하 하 하
오늘을 시작한다

또 언짢아 진다
으 으 으 오금이 저려온다

기도하며
오늘을 마감한다
내일은 웃어야지

마음속에 칼날이 있다

내 마음에 칼이 있어
때때로 나를 찌르고 또 남도 베고 있음이니
부끄러움이 나를 덮고 후회가 강물을 이루누나
칼로 가득했던 사도 바울의 심령을 변화시킨 분이시어
내 하는 것을 보고 안타깝게 여기시거든
이 칼을 녹여 따스한 혈액이 강을 이루게 하소서

명암明暗

바다의 푸르름에도 음영이 있음을
밤의 어두움에도 명암이 있음을
밝고 어두움이 있기에 세상이 아름다운 것을

모든 것이 밝기만 하면 세상은 피곤할 터인데도
오늘도 사람들은 어두움만을 지우려 한다

완성

하고 있던 일을 생각하며
완성! 완성! 하다가
불현듯이 찾아드는 한 생각
너의 완성은?

나는 누구인가?

등불

끝없는 길에 나선다
늪에 빠져 허우적거리고
사막에서 길을 잃어도
그때마다 멀리 나타나는 등불 하나

유배자

온 세상에 짙은 안개만이 있어
운무 중에 홀로 떠있는 느낌인데
그 안개에 미세먼지가 가득하여
창 문 조차 열 수 없으니
나는 고도에 유리안치 된 유배자
남해의 작은 섬 노도에 유배된 김만중 선생
그는 창파 중에 홀로 앉아
어머니를 위해 소설을 썼다는데
나는 신과의 대화를 위해
일기를 쓴다

내 살아 있음은

자고 일어 나 문득 찾아 드는 한 생각
하늘이 기다리시는 일을 내 다 하지 못하였음에
내 아직 살아 있음이라
귀로 고름을 쏟으며 세월을 견디었음도
수십 성상 하루에 4시간 이상 자지 않음도
내 아직 사고할 수 있음도
오직 하나의 이유
하늘의 눈으로 자연을 보고 세상에
알려야 하는 내 일을 하지 못하였음이라

부활

참으로 끈질긴 욕구 하나 있으니
그것은 부활
제자들을 찾아간 예수
몰라보는 제자들
승천하는 예수를 목격한 제자들
바울 사도를 찾아간 예수의 영
기적을 행하는 제자들
부활의 기적인가 환상의 열매인가

스님의 글

맑은 글을 쓰고 싶어 갈등하던 나
금강 스님의 글을 대하니 푸른 바람이 이네
마음이 먼저 맑아져야 맑은 글이 나오는 것을

분열하는 영혼

하루에 몇 번씩 정원으로 들어간다
느티나무가 푸른 터널을 이루고
수수꽃다리와 철쭉이 흐드러져
색과 향으로 가득한 숲속에 의자가 있었다

의자에 앉아 가지 사이로 보이는 푸른 하늘을 우러르며
허허로움을 향해 적멸해가는 나와
빛과 향기 사이를 떠돌고 있는
또 다른 나를 본다

어리석음

35층 아파트까지 올라온 짙은 안개
그 안개 속을 뚫고 들리는 소리
보이지 않는다고 없는 것이 아니거늘
소리라도 있어야 있는 것을 아니
이 어리석음을 어찌하랴

공력

시구詩句가 나오지 않는 것은
공력이 부족한 탓
무엇을 하든 필요한 공력
읽고 또 읽어야 하거늘
오늘도 쓰려고만 하네
퇴계선생은 매화만 노래하기를
91번 하였는데 나는
가을노래 한 수를 완성키 힘드네

나는 노래하리라

나는 너의 변화를 낱낱이 기록하련다

새벽의 광휘와 석양의 장엄함을
거대한 검은 구름 기둥 뒤의 반짝임을

억새풀 꽃이 하얗게 빛나던 저녁
그 빛살 사이사이로 붉게 타오르던 단풍을

푸른 정원 한 가운데 홍옥처럼 탐스럽던
화살나무 잎이 하나 둘 늙어 가던 모습을

과감히 과감히 부담을 털어버리고 벌거벗는
나무들의 웃는 모습을, 그 기다림의 미소를

내일 스러지는 존재는 오늘의 아름다움도
없는 것인가

꽃을 기리고 단풍을 노래하는 것은 다 헛된
것인가

이 모습 저 모습 다 존재의 다른 모습이거늘
오늘 내일이 다르다 하여 없다고 할 것인가

나는 오늘도 내일도 노래하리라

흐르는 구름 머무는 내 마음

오늘은 감정을 섞지 않고 본대로 얘기하자
거대한 구름덩이 빠르게 흐르는 사이사이
깊고 푸른 하늘이 나타났다 사라지고
하얀 바다 넘어 검은 산맥,
그 산맥 넘어 반짝이는 또 다른 하이얀 바다
그 빛 뒤로 다시 검푸른 섬들이 너울거리는
인천 앞 바다 위로 비행기 한대 날아 내린다
감정 없는 존재가 되어
자연을 노래하리
바람아 너는 아는가
나의 이 나부끼지 않으려는 마음을
흐름 없이 머물고자 하는 뜻을…

회오리

온 천지를 뒤집어 놓을 듯 회오리가 인다
깊이 묻혀있던 아스라한 추억들이
아픔이, 죄스러움이 나를 때린다
나로 인해 고통 받은 이들의 절규가 들린다
내가 남긴 빈 깡통들이 소리 내며
낱낱이 하늘로 들어 올려진다

간간히 꽃들이 보인다
쓰레기 더미에 섞인 생명의 빛이

그래도 아직 내 살아있음은
그들에게 사죄의 꽃을 선물하려 함이라

3부
자연, 그리고 인간

있는 그대로의
살아있는 자연 속에
자연스레 살아가려 하였습니다

슈퍼 문 Super Moon

하이얀 밤바다 가로등불 긴 건반 위로
개구리들 울음소리 흐르고
못다 푼 숙제들이 연꽃이 되어
파도마다 피어나 바다를 메우더니
색색의 등이 되어 달을 향해 날아오른다
나로 인해 상처받은 생명들의 긴 꼬리가 따라간다

능소화

닐니리 가락에 태어나
환한 웃음을 웃는 옥동자들이
하늘 벽을 타고 내려오며
안녕하세요 한다

아니 나는 안녕하지 못해!

나로 인해 상처 받은 이들이 모두
홍소를 터뜨릴 때면 나도 꽃이 되어
하늘 벽을 타고 오르며
안녕하세요 하리라

산중의 불빛 하나

35층 공간에서 달과 함께 보이는 것은
수많은 인간이 만든 불빛

포르투갈의 산골 어두움 적막 속
불빛 하나
마치 지혜의 등불 같던 그 작은 빛 대신
문명의 이름으로
지혜를 가리운 수많은 인간의 불빛들

그것은 내가 만든 불빛이었다

유 씨의 꿈

꿈이었다
세계적 사진작가도
구원도
풀숲 이슬이 되었다

눈이 오다

　새벽에 밖을 보니 길이 하얗다 또 눈이 온 것이다 인간이 변형한 자연을 다시 회복하려는 듯 올 겨울에는 눈이 자주 오고 있다

하얗게 눈이 내렸다
내리며 녹으니 봄 눈이구나
메마른 내 영혼 위로 촉촉한 눈이 내린다
다시 싹이 트고 잎이 달리려나

2013. 01. 12

억새의 노래 · 1

두 줄기 은빛 줄무늬 잎
은장도처럼 달 빛 아래 반짝이고
푸른 포기 속에서
작은 줄기 몇 개 솟아 오르더니
영롱한 분수가 되어
팔방으로 쏟아져 내리다

억새의 노래 · 2

어제
고아古雅했던 보랏빛 갈래갈래
오늘은
자비로운 하얀 깃털되어
무심히 비상할 때를 기다린다

바람이 불면, 그땐
자비로운 생명이 우유의 바다에
큰 날갯짓 하며 너울거리다가
만리 떨어진 낯선 곳 어느 길가에
푸른 줄기 보랏빛 갈래로 환생하여
몸 전체로 소리 내며
국경은 없다 세계는 하나라고
외칠 것이다

억새의 노래 · 3

모든 꽃들이 스러진 겨울의 들녘
폭풍설 속 홀로 미소 짓는 너, 억새!
뉘가 있어
바람에 나부끼는 여인이란 굴레 씌워
오랜 세월 부끄러운 인고의 시간을 보내게 하였는가
평판에 연연하지 않고
머칠 당한 얼굴도 숨기지 아니하고
묵언의 발걸음 계속하더니 이제
바람 부는 광야의 만다라가 되었구나

억새의 노래 · 4

  하얀 눈이 정적을 만들고 있는 밤의 연못 가운데
  미소짓고 있는 억새풀 세 잎이 너무나 따뜻해보여
  손을 대본다
  부드러운 따스함이 가슴까지 전해온다
  눈에 덮인 소나무도
  가지마다 눈을 이고 있는 배롱나무도
  정겹게 처진 눈 쌓인 대나무 잎들도
  이 가느다란 억새잎 속
  봄 때문에
  따스함을 느끼고 있나 보다

억새의 노래 · 5

찬바람 부는 텅 빈 정원 한 구석
메마른 줄기 끝 아련히 매달린
늙은 억새꽃
젊은 시절 다 하지 못한 자비를
이제
마지막 바람 편에 세상에 베풀라 한다

죽기 전에 죽기 전에
나 죽기 전에

억새의 노래 · 6

삶과 죽음, 성과 쇠를 시간에 맡겨버리고
오직 푸른 하늘 하얀 구름을 우러르다
바람에 날리고 비에 씻겨 비움만이 남았을 때
하늘하늘 솟아올라 한 해의 완성을 맞나니
이 끝 모를 환생의 마지막 도착점은 어디인가

억새의 노래 · 7
- 선비의 빛

너의 광휘는
끝없이 정진하는 선비의 얼굴
아무런 탐욕 없이
그저 생명의 본질에 충실 하려는
지극히도 겸허한 청량한 빛

붉은 단풍숲 사이 자줏빛 일렁이는
억새풀 무리 앞에 서면
돌아가신 아버님 생각이 난다

억새의 노래 · 8
- 일렁이는 영혼은

석양빛에 일렁이는 무지갯빛 억새풀
푸른 연못가의 부드러운 속삭임
내 자유로운 영혼 되어
빛 따라 바람 따라 일렁이리라 하였더니
지난겨울 얼어붙은 연못가
그 한 송이 억새풀이 생각나
그저 미소만 짓는다

자비의 빛

얼어붙은 텅 빈 거리에서
손녀들이 주워 온 빨간 열매 달린 가지 하나
메말라 누렇게 된 대 나무 잎새 몇 개
오래 전 여행지에서 사온 후 주인 없던 하얀 화병
자비의 빛이 꽃이 되어
갑오년 새해가 밝아지다

소나무가지 하나 주워온 손녀
"그려 주세요" 한다
세한도 그리듯 정성들여 그려주니
그림 한 장 소나무가지 하나 들고
할아버지! 안녕히 계세요 한다

바람

아파트를 찢어발길 듯
밤새워 광풍이 몰아친다
갈등하는 대기가 아파트와 만나
또 다른 갈등을 일으키고 있다
계절은 바뀌는데 변하지 않고 서있는
아파트라는 건물이 이해되지 않아
불고 또 불어온다
마치 어느 겨울
창으로 부딪쳐오던 작은 딱새 한 마리처럼

자연과 인공

자연의 아름다움만을 생각해온 내 앞에
휘황찬란하게 등장한 인공의 세계
사람도 자연이니
아름다움을 만들 수 있음은 자명한 이치인데
왜
사람과 자연을 분리하여 생각해왔을까

인간들의 합창

밖으로 나가 걷는다
비 온 뒤의 신선함이 나를 기쁘게 한다
온통 인간이 만든 것뿐인 아파트 안을 걸으며
나는 지금 아름다움을 느끼고 있다
그래도 그 재료는 전부 자연이니까
나무도 있고 금속도 있고 석회석도 대리석도 있지만
정돈된 이들의 배합에서 아름다움이 배어난다
그 동안 너무 자연만 생각해왔는지
인간이 할 수 있는 것들이 이제 눈에 들어오기 시작한다

하늘의 별을 지상으로 끌어내리고
땅속의 광물은 땅 위로 밀어올리고
산은 평지가 되고 평지에는 호수가 생기며
지하수를 퍼내 분수를 만들고
없어진 자연 대신 정원을 만든다

나는 메피스토텔레스의 그림자 밑에서
두려움 속에 아름다움을 느끼고 있다

인간은

바람에 나부끼는 꽃들은
흔들리면서도 제자리로 돌아가는데
한 번 바람에 날린 인간들은
동서남북으로 흩어지니
인간이란 뿌리 없는 존재

새들은 자유로이 국경을 넘고
꽃들은 아름다워지려 노심초사하는데
인간은 마음대로 국경을 넘을 수도 없고
미운짓도 서슴지 않는 프랑켄슈타인
아! 아!
하늘을 우러러 부끄럽구나

DNA가 잘못되었나
겉으로만 신을 닮아
깊은 본성의 소리는 듣지 못하고
오늘도 서투른 흉내만 낸다

나는 지금 무엇을 하고 있나

미세먼지의 안개바다

밖은 미세먼지의 바다
바로 앞 아파트도 보이지 않고
실내에서도 불을 켜지 않으면 아니 되어
하루 종일 문도 열지 못하던 날
나는 쓰고 읽고 타자치고 누나에게서 편지 받고
먼지 구름 속에 편지 전한 우체부
그래도 환희 웃네

안개 자욱한 새벽
원추형 하얀 나무들이 줄지어
앙뜨와네트 궁전 가는 가로수 길 닮은
가로등이 만드는 하이얀 숲
먼지도 때로는 아름다움을 만드는구나

석양

햇살이 가득한 저녁
산들은 그림자 되고
바다는 하얗게 번득이는데
한 가닥 생명의 기운은
허공에 다리를 만들며
높이 솟아오른다

화살나무에 단풍이

녹음을 그리려다 푸른색 많음에
숲을 보고 또 볼뿐 붓을 들 수 없던
나의 세계에
돌연이 들어선
현란한 가을빛 화살나무군락
아직 여름을 다 그리지 못하였는데
가을은 기다려주지 않네

화살나무

푸른 숲 사이
붉은 꽃들이 너무나 화려하여
숲을 헤치고 찾았더니
그것은
남보다 먼저 가을을 맞는 화살나무잎
너는
잎으로 꽃을 피우는 혁명아
수많은 세월 얼마나 고민 하였을까
이 하나의 남과 다른 존재감을 위해

갈대

여자의 마음이 갈대와 같다고 했던가
바람에 날리는 갈대를 보며
예뻐서 갈대와 같다고 했군, 하고 생각한다
아무리 심한 바람이 불어와도
갈대는 결코 뿌리째 뽑히지 않는다
아! 그래!
흔들리지 않는 갈대의 굳건함을 노래한 것이야
아무리 고쳐 생각해도
갈대는
그저 바람 부는 대로 흔들리는
그런 줏대 없는 존재는 아니다

내가 아는 것은 전부 틀리는 모양이군

본 책 중 제일 좋았던 책은 무엇일까
나는 답하지 못한다
읽을 때마다
내 배움이 달라 아직
답하지 못한다
그저 나의 성장을 채찍질할 뿐
그래서
어느 날
내가 누구인지 말할 때
그때
얘기하리라

바람 · 1

스코틀랜드 그랜 엡 고성
소나무가지 사이로 스쳐가는 바람은 정적을 만드는데
영종도 38층 아파트들 사이엔
폭뢰 같은 바람이 아우성친다
하나는 자연을 따라 흐르고
또 다른 하나는 사람에 막혀 회오리가 되네
하나는 어머니의 품을 만들고
또 하나는 칼들이 꽂인 칠성판을 만드는 구나

칼날처럼 파고들며 우레처럼
아파트 벽을 공격하는 음파 속엔
공멸의 내일이 잠겨있고
소나무 가지 사이를 흐르는 바람
그 부드러운 속삭임 속에는
창조의 신비가 숨쉰다

바람 · 2

광야를 찢어놓을 듯 질주하던 광풍은
어제의 일이었던가
오늘은 꿀 같은 산들바람이 살갗을 스치기에
나는 웃옷을 벗고 두 팔을 벌려
상큼한 부드러움과 포옹한다
갈등하던 두 세력이 평온을 되찾아
서로를 어루만지며 어제의 상처를 씻는
새 생명의 따스함이 느껴진다

바람 · 3

38층 아파트를 뒤흔드는 바람소리
돌연이 대지 위에 솟아오른 이해할 수 없는 탑이기에
바람은 노도처럼 몰려와 살을 에이듯 묻는다
너는 누구냐고
아파트는 답한다
어제는 없던 것이라 생소하겠지만
나를 이해해주려 노력하다보면
언제인가 손을 잡을 수 있을 것이라고

바람은 다시 큰소리로 외친다
나는 네가 잘 보이지 않는다고
나는 내 길을 갈뿐이니
네가 이해하여 내 길을 열어달라고

아파트는 다시 바람을 달랜다
자연의 원리를 이용해 지은 탑이니
네가 다시 생각하여 조금 더 노력하면
내가 좋아질 것이라고

바람은 마지못해 얘기한다
그래, 갈등은 창조의 원리이니
서로 부딪치며 아우르다 보면
제3의 길이 보일지도 모른다고

바람은 더 크게 아우성한다
그래도 나는 네가 생소하다고

문명 랩소디

미국 백화점에 가면
card or cash?

맥도날드에 가면
small? medium? Large?

우리 집 옆 은행에 가면
웃던 은행원 대신
검사기 된 엄숙한 직원이
통장개설 목적을 심문하고

Computer를 열면
무슨 이야기인지도 모르고
강제로
yes yes yes를 되풀이하게 하고

나이 들며 점점 문명사회로부터
축출되어가는 나

늙으면 죽어야 되나
에덴이 그립다
따스함이 있던 옛 은행이 그립다
푸근한 막걸리주막이 그립다

인간이 그립다

4부
연주회, 전시회

하늘의 소리를, 하늘의 모습을 적고 그려
음악이 되고 그림이 된다는
작곡가 그리고 화가들의 모습을 옮겨보았습니다

양방언 연주회에서 · 1

슬픔을 아는 자 진정 기뻐할 줄 아나니
겹겹 슬픔의 지층을 뚫고
활화산처럼 뿜어져 나온 거대한 기쁨이
너울되어 푸른 하늘에 흐르다

양방언 연주회에서 · 2

기쁨이 춤추는 가락 뒤에 숨은
한 줄기 슬픔의 강물이여!

피어오르는 안개 속 슬픔의 알갱이가
나를 찌르고 베며 오르고 내릴 때

비명이 환성의 너울이 되어
한 마리 기쁨의 붕새 날아오른다

'위안부 할머니의 눈물' 연주회에서

슬픔을
이 한을
도저히 지울 수 없는 처절한 고통이
음악으로 피어나던 무대 뒤에서
상처 입은 별 하나 스러져갔다

지상에서는 위로 받을 길 없어
저승으로 갔다
천사들의 노래 들으며

* 황의종 교수의 작품이 연주되는 내내 나는 한이 음악이 되는 경로가 이해되는 듯했다. 지극한 슬픔이 예술로 되는 순간 나도 노래하고 싶어졌다. 나도 모르던 잠자던 한이 촉매를 만나 폭발하였나?

2013. 09. 27

매화 그림 한 점

단지 한 가지였다

하얀 매화 몇 송이 달려있는
단 하나의 가지였다

그 가지 끝에는
시린 슬픔이 피어있었다
가와바다 야스나리의 설국이 그곳에 있었다

· 우송헌 김영삼 화백의 매화 전시회에서
2014. 11. 27.

이중섭 미술관에서

파도 소리 들리듯 바다가 내려다 이고
고목들이 푸르름을 자아내는 작은 언덕에서
게에 올라탄 벌거벗은 아이들 그리며
멀리 있는 처자식 생각에 눈물짓던 이여

이불보따리 둘러메고 황소가 끄는 수레에 앉아
피난 가는 가족들을 그리고 또 그리며
담배은박지에도
휴지조각에도
천의무봉
막힘 없고 맺힘 없던
살아있는 선들로
창조의 비밀을 그리던 이여

황소의 눈에서 맑은 지혜를 발견하고
황소의 근육에서
빅뱅의 에너지를 찾아낸 이중섭이여

· 2009년 11월. 제주도 서귀포 이중섭 미술관에서

김광로 화백의 인도그림 전시회에 부침

인도에 빠져버린 이 있어
인도를 그리기 시작하였는데
시간도 넘고 사물도 초극한 붓 한 자루에
자신의 영혼을 쏟아부어
인류의 정신을 그리려 하네
수천 년 전부터 강물처럼
우리에게 흘러 든 인도의 혼이
김 화백의 캔버스에
커다란 연꽃으로 피어나면
나는 그곳에 또아리 틀고 앉으려 한다

"사슴, 자연을 노래하다" 시연회에서

작은 물줄기 모여모여
내가 되고 강이 되더니
천둥 같은 폭포
갈등의 포말을 만들며
하늘로 회오리친다

장려한 해금의 흐름 위에
가야금과 거문고가 삼각파도를 만돌고
장구와 대금이
격랑을 일으키는 바다에
하얀 사슴 한 마리
흰 돛단배에 올라 파도를 잠재우다

· 2009년 9월 국악원에서 열린 작곡가 황의종의 작품 시연회에서

고려인 빅토르 문의 그림 전시회에서

카자흐스탄으로 강제 이주된 연해주의 고려인 후예
빅토르 문
아직도 갓과 한복이 그림의 중앙에 살아 숨 쉬는
고려인 후예의 피맺힌 그림에는
불모지로 강제 이주된 체로키 인디언의
그림자가 있었다

소리 없는 절규가
얽히고설킨 한이
선이 되고 면이 되어
죽음보다 더 강하게 살아 있었다
고려의 혼이
피와 땀과 인고가

5부
친구들

친구들과의 만남은 우연이 아닐 것입니다

대환 형의 가는 길에 드림

대환 형 이 사람!
바로 며칠 전 전화하여 내 아픈 마음 위로하더니
오늘은 어인 일로 먼저 가셨다 하는가요
작년 가을 함께 간 노을 아름다운 해안에서
오늘은 형 홀로 노을 속으로 들어가셨구려
노을이 붉지 않아 더 붉게 하려 하셨나요

대환 형 이 사람!
그토록 사랑하던 부인 홀로 나두고
어찌하여 홀연히 가셨나요
친구들과 술 한 잔 하던 냅더요[1] 정원 지나
아스라이 아지랑이되어 저 멀리 가셨구려
만개한 봄꽃 붙잡아놓고 친구 부르려 하셨나요

---

1) 냅더窯는 대환형이 가꾼 무안 소재, 도자기 가마가 있는 정원의 이름

대환 형 이사람!
내 남쪽 내려올 때마다 길 안내해주더니
저승길마저 예비하러 앞서서 가셨나요
이승의 덕행을 저승까지 이어
친구들 저승길 예비하려 하시었소
사랑하는 부인 저승길 걱정되어 사전 답사 떠나셨소

우리 모두 언제인가 형이 예비한 길 가려니
오늘은 먼저 가시게
그토록 안기고 싶어하던 어머니 곁으로 가셨으니
고이 잠드시게! 친구여!

2014. 4. 4.

튀긴 누룽지

느티나무 정자 밑 네 명 옛 친구
튀긴 누룽지 한 소쿠리
허허로운 파란 하늘
풀벌레 소리
웃음소리
친구가 내미는 금일봉 봉투
출판기념이라지만
친구여 심려케 해 미안하네

최종고 교수의
인물학회 문학관 개소에 부쳐

한 샘에 매달려 이십 년여
파고 또 파며 주위를 넓히더니
사람들 모여 우주에 전진기지 짓고
손잡고 새천년을 시작한다

끝없이 솟는 샘물
우주에 미만한 생기되어
영원 속에 파동하며
만상을 잉태케 하소서

자기부상열차 시승

해군 동기생들과 함께 한
자기부상열차 시승
살포시 떠올라 부드럽게 나르는
아라비안나이트 속 양탄자 타고
황량한 공항 사막과 푸른 바다 위를 지나
꿈이 깨어 내린 곳은 용유도
열차를 가까이 불러 배경으로 세팅한 후
홍소 속 기념 촬영
장식이 된 열차가 귀여워
보고 또 보며 아쉬운 작별

달호 형 고맙네

이용재

이용재가 왔다가 갔다
연못가 단풍 숲에 앉자마자 일성
이사올까

뜨거운 차 한 잔 권하자
이번에는
아! 아편전쟁! 한다
차를 사기 위해 아편을 제조해 판
영국사람들 이야기
나는 또 다시 놀란다
그의 널뛰는 지식에

반가운 사람들

참으로 오랜만에 옛 동료들을 만났다
한 배 안에서 얽히고설켰던
슬픔이 있어 반가운 사람들을

가든파티

개화동 오래된 농촌 주택가
푸른 잔디, 색색의 장미가 어우러진 집
작은 연못에서는 분수가 솟아오르고
온갖 선인장이 벽을 이룬 정원
크리스털 잔으로 건배하며 소리할 때
철새 여러 마리 하늘을 날아가다

6부
사계

우리에게 사철이 있어 항상 긴장하며 삽니다
봄도 여름도 가을도 겨울도 다 아름답습니다
특히 나이를 먹으며 매해 그 느낌이 다릅니다

봄소식

촉촉한 눈이 내린다
사라졌던 새들의 지저귐이 들린다
숲속으로 들어간다
나무기둥에 귀를 댄다
줄기를 타고 오르는 물소리가 들린다
목련 꽃 봉오리들이 커진 것이 보인다
눈 위를 걷는다
뽀드득 뽀드득 소리
봄이 오고 있어 오고 있어 한다
메말라 조각조각 떨어지던
나의 상처 난 우주에
희망이 보인다 생명의 빛이 보인다

매화 밑에서

때 늦은 추위에 놀라
굳게 빗장을 쳤다가
그만
자폐되어 버린 너
따스한 햇살이 살랑거리고
난초향기 바람결에 실려와도
한 번 닫은 마음엔 두려움 가득
주저주저 주위를 보다
작은 꽃잎 하나 피어본다
전초병으로…

봄비가 내린 정원에서

새벽에 창문을 여니
봄비내음이 몰려든다
부드럽고 따스하며 신선하고 향긋하다

안개가 내려 덮인 정원을 걷는다
물 먹은 나무들이 품어 내는 생기에
가슴이 열리고 봄을 향한 나의 열망은
영롱한 꽃봉오리가 되어 반짝인다

끼룩끼룩 기러기 떼가 대형지어 날으는 것은
계절이 바뀌고 있음이라
나는 기지개를 펴며
수평선 너머에 봄이 와있음을
와있음을
되뇌인다

봄이 오는 모습

하루 종일 비가 내린 후 햇볕은 환희작약
나뭇가지들은 웃음 짓고
기러기는 끼룩끼룩 참새는 재잘재잘
바다는 찬란히 빛나고
푸른 하늘에는 커다랗게 웃는 나의 얼굴
다시 추워지고 또 다시 요동하겠지만
봄은 바로 언덕 너머에서 기웃거리고 있었다

봄을 기다리며 · 1

눈 덮인 연못 위 다리에 서면
한 포기 억새풀이 나를 반긴다
아무도 눈길 주지 않는 흐트러진 갈래들이
애잔한 파공을 일으키며 나를 붙들 때
나는
너무나 정겨워 보고 또 보며
너는 살아있다, 라고 속삭인다
봄에 보자고

봄을 기다리며 · 2

향긋한 내음이 가슴을 시원하게 한다

길고 긴 인고의 겨울 끝에 맞은 따스함에
아차! 늦을라 하며 다투어 살아 있음을 알리는
생명의 신호인가
나로 인해 고통받은 모든 사람들도
이 봄의 향기를 맡으며 위로받고 있겠지

어제보다 더 커진 산수유의 꽃봉오리
터져나올 것 같은 웃음을 잔뜩 머금고
크게 웃을 때를 기다린다

봄을 기다리며 · 3

삭막한 매화나무 가지 밑
왔나 하면 가고 왔다가는 또 다시 가는 봄
참으로 더디 온다 몇 번인가 되뇌었더니
하동에서 매화 만개소식 들리네

기다리면 언제인가는 오는 봄이련만
내 정원엔 아직 봄이 오지 않았음에
가지를 스쳐간 찬바람의 끝 그 가느다란 꼬리에
한 점 향기가 있는지 심호흡해본다

폭풍우 속에서

무엇이든 다 부셔버릴 듯하던
폭풍우가
35층 창문을 뒤흔들 때면 나는
정적을 느낀다

여러 색이 섞이면 검정이 되듯
여러 소리가 같이 있으면
정적이 오나 보다
광막한 사막의 한 끝에
아련히 매어 달린 별 하나 보듯
여름 밤 폭풍우는 그렇게 온다

창문을 열면

여름이 되면 나는
창문을 연다

단절되었던 자연의 소리가 들린다
새소리도 들리고
커다란 왕벌의 날갯짓소리도
나비의 날개 파동도 들리는 듯하다

우주 속, 자유로운 영들의
유영이 시작된다

가을이 묻어 들다

창문을 연다
시원한 바람결에 가을내음이 묻어 들어온다
염천의 하늘 속에 가을이 숨어
살그머니 발 한 쪽을 들이밀고 있다

가을내음

널판 위 붉은 고추들
푸른 하늘 하얀 구름

매콤한 고추내음
익어가는 가을향
나는
배롱나무 진분홍 꽃
보랏빛 들국화를 찾아
마을을 돈다

가을의 소리, 그리고 색

학교 운동장에서 들려오는
운동회소리
빌딩들 사이로 우러르는
푸르디푸른 하늘
황혼이 되면 붉게 타오르고
밤이 되면 오리온좌가 얼굴을 내미는
10월의 탈속한 하늘 밑
찬란한 억새풀꽃 앞에 서서
가을의 색들을 가슴에 담으려 한다

겨울채비

빙하 호수를 닮은 유백색 바다 위를
한 무리 기러기 서둘러 사라진다
비자 없는 이민자 국경 넘듯

옛 사람들이라면 겨울채비에 분주했을 이 가을
이동하는 기러기 떼를 보면서도
아무것도 준비할 일이 없다
버튼만 누르면 난방이 되고
먹을 것은 마트에 있고
입을 것은 항상 준비되어 있다
고추 말려 고춧가루 빻고
무 썰어 무말랭이 만들며
무청은 햇볕과 바람에 말려 시래기 만들고
추운 가을 밤 손 시려 김치담던 일은
이제 옛일

그런 까닭에 나는 사시장철 책을 읽고
글을 쓰건만
노자는 저 멀리 가있고
이규보의 시를 보면 경탄만 나와
오늘도 그저
저승길 닮은 바다를 보며
불리움 받기 전 만 권을 채워보려 한다

일렁이는 풀잎 사이에서

논의 색이 푸근함을 띄기 시작하고
철새들이 서둘러 한 방향으로 사라지면
가을이 정점을 지나고 있음이라
혹시나 기록 하지 못한 가을이 있을까 저어하여
쓰고 그리고 또 쓴 후
다시 지우고 새로이 칠하고…

어느 날 밤 억새 숲에 앉아
하늘을 우러르니 일렁이는 풀잎 사이로
초승달이 웃고 있었다

겨울 길

길은 외길
겨울로 가는 길
다른 길 없어 체념하고
걸어가려는데
차가운 계단에 날아와 떨어진
불타는 단풍잎 하나
아, 가을!
아직 체념하기는 이르다
어찌 가을을 노래하지 않고 겨울을 맞을 수 있으랴

찬바람

돌연이 모든 사고思考가 뒤엉켜
시간마저 멈춰 버린 듯하던 하얀 아침
실타래 풀려고 찾아나선 정원에 몰아치던 찬바람
가을은 가고 겨울이 오고 있음을
나는 남아도 세월은 가고 있음을
내가 알던 것들은 다 틀렸음을
처음부터 다시 시작해야 함을

그 바람은 얘기하고 있었다

7부
바다를 노래하다

바다가 그리워 산골에서 이사 온지
이제 3년째입니다
매일매일 다른 얼굴의 바다를 보며
순간순간을 기록하려 하였습니다

저녁 바다

하나씩 하나씩 속세의 꺼풀을 벗어가며
털털 버리고 또 버린 이들의 해탈의 영이
큰바다되어 지혜의 빛으로 반짝이던 저녁
새떼 한 무리 검은 점되어 빛 속으로 들어
가다

천의 얼굴, 바다

찬란함과 어두움이
푸르름과 붉음이
하얗고 검음이 수 없이 교차하며
환희의 노래를 부르다가
문득 가득한 우울함이 자리잡는
인천 앞 바다
지혜가 번득이다 차가운 돌처럼 침묵하며
때로는 회초리가 되고
때로는 포근한 어머니가 되는
천의 얼굴에
말 없는 산 그림자 하나
고즈닉이 자리 잡는다

불 위를 유영하는 도깨비가 되다

큰 배, 작은 배, 화물선, 여객선
서 있는 배, 가는 배, 오는 배
아침에는 오렌지 빛 거울 위에 검은 점들이 춤추고
삼각 파랑 위에 다이아몬드가 춤추는 한낮에는
하얀 면 위에 색색의 점들이 명멸한다
황혼이 되면 이들 점들은
어두움 속으로 사라지듯 하다가
하나 둘씩 불이 되어 강물처럼 흐르는데
이때가 되면 나는 도깨비가 되어
흐르는 불들 위를 유영한다

면이 된 바다

검은 공해 덩이가 덮고 있는 서쪽 하늘로
해가 기울면
갯벌은 은은한 거울이 되어
한 면은 검붉고
한 면은 누렇고
또 다른 한 면은 푸르스름해지는데
그 거울들이 점점 나에게 가까이 다가오더니
돌연 빛들은 사라지고
새 한 마리 날지 않는 어두운 장막 위로
적갈색의 태양이
죽은 듯이 무겁게 걸린다

걸렸던 태양마저 어둠 속에 묻히고 나면
나는
뜨거운 물을 한 모금 마시며
푸른 하늘 오렌지 빛 황혼을 생각한다

안개 낀 바다

엷은 안개가 살포시 내려앉은
인천 항구
파도가 이는 곳마다 햇살은 찬연히 빛나고
거울 같은 바다 위에 기다란 빛줄기를 만들며
작은 산 같은 배들이 하나 둘 지나가면
나는 왠지 반갑다
내 형제를 만난 것 같아

두 개의 항구

내 눈 앞에 두 개의 항구가 있다
하늘을 향해 열린 항구
바다를 향해 열린 항구
낮에는 찾아드는 항공기와 배들로
그 존재를 짐작케만 하지만
밤이 되면 돌연 휘황한 불빛으로 그 존재를 과시하는
공항과 부두
밤이 되면 등장하는 이들 항구 때문에
나는
밤에도 쉬지 않는 사람들이 있다는 것을 안다

추석 바다

장중한 검은 숲 뒤로
추석 빛 하얀 바다

호랑이 이야기 은은히 피어오르고
잃었던 정적은 다시 날개를 단다

두 얼굴

어제와는 전혀 다른 맑은 세상
안개가 사라진 검푸른 바다
수평선에는 섬들이 빙긋이 웃고
송도 국제도시가
유령처럼 꿈틀거리는데
배 들은 연꽃이 되어 바다 위를 수놓고
항공기는 새가 되어 꼬리 물며 오르고 내린다
비 온 뒤 일시에 터져 나오는 선명함
안개 가득했던 내 머리 속에도
염화시중의 꽃이 피려나

만조

바다가 가득 차오를 때면
수많은 이야기가
아지랑이처럼 피어올라
이것 줍고 저것 잡았지만 결국
손가락 사이로 다 빠져나가고
나는 다시 빈손이 된다
그래도 무엇인가
나올 듯하여
망연히 바라보았더니
무리지어 나는 철새들 모습
아! 나도 갈 때가 되었구나
아무런 준비가 아니 되었는데

지금 내 눈앞에 조용히

피요르의 영이 흐르는
유백색의 인천 앞바다
그리그의 노래가 들린다

트롤드 하우겐 연주홀
무대는 바로 야광에 빛나던 피오르
찬란한 정적 사이로 한 줄기 영이 흐르던
그 밤
그 밤이 지금 내 눈 앞에 조용히 나타나
나를 찾는다 시작했던 시를
이제
마무리하라고
네 인생을 이제 마무리 하라고

불꽃놀이

국제도시 송도의 밤을
수채화 같은 불꽃송이들이 수놓는다
붓으로 푹푹 찍어 화폭에 그려내린 듯도 하고
새로운 생명을 탄생 시키기라도 할 것 같은
하얗고 붉고 노란 움직이는 선들이
10월의 밤하늘에 그림을 그린다

빛 · 1

눈 덮인 벌판 위로
까만 오리들이 날아오르고
검푸른 바다에
오렌지 빛 광선이 쏟아지면

나는 붓을 잡는다
그 아름다움의 요체를 그리고 싶어
그리고는
그리고는
붓을 다시 놓는다 선 하나 그리지 못하고

빛 · 2

바다 속으로 들어간
붉은 가로등이 긴 성벽이 되어
수평선까지 이어지고

징검다리 하얀 가로등이
옛일을 얘기하며
공항의 오로라 속으로 스며들면
나는
잠시도 머물지 않는 형상을
따라가며
그 옛 이야기를
그리려한다

그리려한다

8부
정적 靜寂

나는 정적이 좋았습니다
정적은 생명이었습니다
정적 속에 길이 있었습니다

정적은 우주의 리듬

새소리도 사라진 아파트
소리가 그리워 산으로 간다
산으로 가는 길에 지나는 바닷길
사글거리는 파도소리

모래가 된 조개들이 합창하며
시간이 사라지던 뉴질랜드의 핑크 비치
쏴-쏴 몰려와 사글사글 물러가며
돌연이 정적 속으로 던져넣던 원시의 해안

우주의 정적은 리듬이 있는 음악
정적이란 생동하는 생명인 것을!
침묵하는 아파트엔 정적이 없어
오늘도 생명을 찾아 바닷가로 나간다

고요의 늪 속에서

한 밤에 일어 창문을 연다
청량함 속 빗방울 듣는 소리
정적을 키우는데
고요만이 감도는 깊은 늪에서
빛 한 줄기 얻는가 하였더니
정적은 부서져 낱낱이 흩어지고
끝 모를 공간이 솟아나와
그 공간을 채우는 소리 가득하다
비우면 차고 채우면 비워지는 쳇바퀴
있고 없음이 같은 것이라는데
왜 채우고 비우나

정원에 없었던 것은

정원에 들어서면 항상
작은 희열이 일다가
무엇인가 부족함을 느끼곤 하였는데
그 것이 고요함인 줄 이제야 알았네
번잡함과 고요함
어두움과 밝음
있음과 없음이 상존 하는 자연과 이별하고
고요함이란 존재도 하지 않는 정원에서
나는 매일
있지도 않은 고요함을 찾으려한다

9부
우주

아름다운 밤하늘이 이제 기억 속에서만 존재합니다
상상 속에서만 피어나는 어린 시절의 우주가
그립습니다

오리온좌

서쪽 창에 자리 잡은 오리온좌

별들이 모두 땅으로 내려와
공허만이 남은
인천항의 검은 하늘 한켠에
사라질 듯 가냘프게 길게 눕는 너의 뜻은
네 홀로 최후의 생명줄되어
부활길 안내자가 되려는가

얼굴 뒤에 숨은 것은

오리온좌를 하늘에서 보는 것은
겨울이 오고 있다는 증좌

가을의 얼굴 뒤 숨어있는 겨울
추위가 엄습한다

생명이 다해가는 시리우스
그가 블랙홀이 되면
한 발 잃은 오리온좌

으스스 추위가 몰려온다

내려온 별 올라간 별

별들이 지상으로 내려와버린
어두운 하늘
가로등 불빛이 은하가 되어
하늘이 되어버린 땅

아침이 되자
별들은 하늘로 올라가고
하얀 함박눈이 내려
하늘과 땅이 하나가 된다

계명성

새벽닭이 운다
혼돈된 인간 세상에서도
정신을 잃지 않고 있는 너
네가 있어
시간은 아직 흐트러지지 않았음을
나는 안다

은하수가 흐르던 밤

은하수가 내려와 풀잎에 매달린
저녁
정대환 부부가 보여준
잊었던
어린 시절의 밤하늘
반딧불이 은하되어 흐르던
함평의 밤
그 밤
수 없이 깨어 하늘을 우러르던 내 눈엔
하이얀 가로등 빛이 흘렀지

달빛이 밝아

바다는 보석처럼 빛나고
청아한 하늘엔 흰 구름이 산맥을 이루는 밤
찬바람 가득히 늦가을의 환희가 실려와
바람 따라 달 빛 위를 부유 하다가
문득, 구름 낀 날 우울함의 심연이 두려워
가부좌를 하고 두 손을 모은다

달빛

침실을 나오니 환한 빛이 거실에 가득
달빛이야기 소리가 들린다
이사온 지 일 년이 다 되도록 보지 못하던
새벽달빛이 이제야 나를 찾아온 것이다
무슨 일일까
과거의 구조가 아직 살아 있음을
속삭이러 온 것일까
새로운 세상이 왔음을 얘기하려 하는 것일까
모든 현상은 왜 두 가지 서로 다른 것을 얘기 할까
달아, 달아! 너는 아느냐
네가 하려는 얘기를
나보고 바위가 되라 하는 것인가
더 이상 알려하지 말고 기다리라는 것인가

침묵하고 인내하면 언제인가는
빛이 찾아 올 것이라는 것을
너는
얘기하고 있구나

　한 밤 중에 일어나보니 방이 환하다. 보름 달빛이 창문으로 잔잔히 스며들며 나를 찾는다.
2013. 08. 21.

달

어두운 밤에도
푸른 하늘을 보여주는 커다란 달

몸의 일부를 떼어내 우주공간에 걸어놓고
밤을 밝히게 한 그 뜻은 의도된 것인가
자기 몸을 떼어 내지 않으면 빛을 얻을 수 없다는
묵시의 가르침인가
밤에도 빛이 필요하거든 네 몸을 떼어 빛이 되게 하라
네 몸을 떼어 하늘에 걸어라
네 몸을 떼어
네 몸을 떼어
빛을 구하라

10부
하늘

하늘의 진정한 모습을 찾아 세계를 헤매었습니다
오로지 한 가지 바람,
그것은
지상에 남겨진 하늘의 모습을 그리는 것이었습니다

하나가 아닌 하늘

교회에 다니며 열심히 하늘에 기도하던 어느 날
예수를 통해 하늘에 기도하라는 가르침에 놀라 깨어보니
예수가 하늘을 가리고 있었다
예수의 가르침을 찾아보니 사랑뿐인데
사랑을 외치며 사람들은 서로 피비린내를 일으키고 있으니
사랑이 하늘의 전부가 아닌 것이 분명함에도
그래도 사람들은 사랑이 전부라 한다
몸이 다시 살지 않을 것을 번연히 알면서 그들은
몸이 다시 사는 것을 믿으려하고
커다란 도는 멀리한 채
일상을 좌지우지하는 하늘을 좇아

오늘도
자기만의 하늘을 지키려 한다
나는 안다 우주에 생명력이 있으며 내가 그 일 부분임을
죽은 후엔 무한한 우주가 되어 또 다른 생명을 잉태할 것임을

하늘을 그리다

새벽에 일어 창문을 연다
의자에 반쯤 눕는다
폐부를 채워오는 신선한 내음
나는 다시금
하늘의 모습을 그린다
우주를 만드신 이여 했다가
이내
혼란을 일으킨다
우주를 만드시기 이전에는 어디에
어떤 모습으로 계셨을까
아무것도 없는 공간
시간도 없는 시간 속에
존재 없는 존재로 계신 것일까
나는 다시 생각한다
나의 하느님을 그리자

그래
나를 세상에 있게 하시고
항상 가까이에 계시며
어려울 때 손을 내밀어 인도하시며
희망과 함께 격려 하시던 분
나의 잘못을 꾸짖으시며 대가를 치르게 하시던
정의로운 분
때로는 바위 같이 침묵하시며
때로는 바다 같이 포효하시는 분

나는 다시 혼란을 시작한다

꿈, 허허로움은

꿈을 꾸었다, 이삿짐 보따리를 싸며
교회 사람들에게 나가라고 돌팔매질하는 꿈을
교회 사람들이 내 몸에서 나가고 나면
진정한 하늘의 모습이 나타날까
나는 다시 이삿짐을 들고 일어나
하늘의 모습을 찾는다
아련히 떠오르는 하늘의 모습
그 뒤를 따라오는
만상들의 피 튀기는 쟁투의 현장

교회사람들이 떠난 하늘은
절대 강자가 없는 혼돈의 세계
교회가 있어도 없어도
하늘은 핏빛마저 깃드는
허허로움의 다른 모습인가

하늘의 모습

하늘의 모습을 찾아 떠난 나의 여행
큰 하늘의 모습이 작아지고 작아져
먼지처럼 미세해지더니
급기야는 허허로움의 무한대의 공간이 보인다

그 허허로움이 하늘인가 하였더니
그 속에 나를 보다 그만 하늘을 잃었네
다시 하늘을 찾아 나를 지우고 또 지웠더니
나타난 하늘엔 혼란스러움이 가득
하늘마저 없어야 하늘 인 것을
오늘도 하늘에 매달려
하늘을 잃는다
없어도 또 있고 지워도 또 나타나는 것
몇 만 겁을 벗겨야 없는 것이 없을 것인가

11부
여행

미친 듯 여행을 하였습니다
알고 싶어 여행을 하였습니다
하늘의 모습을 찾아 지구를 돌았습니다

2013. 02. 01.

* 헨리 소로우의 Walden을 읽었다 Walden이라는 호숫가에 칩거하며 호수와 숲을 관찰한 그의 사색의 깊음과 표현의 다양함에 놀랐다 그것은 그의 관조하는 태도, 문명사회에 회의하고 항거하는 자세에서 가능한 기록이었다

숲으로 들어간 사람

숲속에 오두막 손수 짓고
책상 하나 난로 하나 침대 하나

가지에 스치는 바람소리
흐르는 냇물 소리에 귀 기울이며

산딸기에 환희하고
새들의 날갯짓에 깨닫고
지천으로 피어난 야생화들 사이에서
균형이라는 원리를 발견한
하버드 지성인

걷고 또 걷던
숲속에는
교회에서 잃어버린
신이 있었다

그의 오두막에는

작은 새 한 마리
빛나고 있었다

거제도로 가네

유치환 유치진 형제가 친일의 덫에 걸려
장막 뒤로 사라지려 하네
어두웠던 시절 압제의 계절에
피토하며 외치던 절규는
이제 한갓 잊혀진 아우성
그 아우성을 들으러
나는
거제도로 가네

왕인 박사 유적지에서

유적지 문을 들어서니 나도 모르게
머리에서 무엇인가
막 튀어나오려 하기에
무엇이 나오나 기다렸더니
이 낱말 저 낱말 뒤 엉켜
무슨 이야기인지 모르겠네

신령스런 월출산 밑에 태어나
책굴에서의 형설지공으로 학문을 이루고
현해탄을 건너 일본의 신이 되신 분 앞에
옷깃을 여미고 머리 숙여
그 뜻을 상고 하는데
왜, 머리는
실타래처럼 얽히고 설키는가
그는, 왜 갔으며
가서 왜 오지 않았을까

백록담

발아래 저 멀리
푸르다 못해 하애진 손바닥 속 같은 작은 담
커다랗고 깊은 분화구의 저 끝에
마르면 아니 될 것 같아 끈질기게 남아
한 줌의 생명을 움켜쥔 채 부활을 기다리다

수 십 만년 걸려 쏟아지고 또 쏟아진 용암 줄기가
다시 수 십 만년 걸려 생명을 잉태할 때
불로초를 찾아 서시가 왔다 가고
태양이 뜨는 곳을 찾아 온 해양세력들이
터를 잡았던 곳
큰 별 작은 별이 싸우고
백제와 신라 그리고 고려를 거쳐
몽고의 말들이 자라고
유교가 설문대할망을 몰아내던 곳

그 사연 사연들이 해 묵은 이끼 되어
말없이 찬연히 빛나는 곳
그곳에
불로초 먹은 동남동녀 오백이
영생의 바위가 되어
무심히 물마시고 구름을 우러르는
하얀 사슴을 기다린다

4.3기념관에서

오래된 압제가 만든 저항
얼룩이 너무 깊어 지워지지 않는 상처
수만의 원혼들이 떠도는 한라의 중턱에
하나하나 이름 새겨 그들을 불러본다
세 살 네 살 아이들 이름도 눈물로 불러보고
이름조차 새기지 못한 희생자며
행방불명되어 아직 한라산을 떠도는
시신 없는 이들의 위령비 자리도 어루만져본다

수백 수천 년 외세에 휘둘리고
굶주림과 압제에 찌들어
오로지 탈도脫島만 생각하던 이들 섬사람들이
가난을 벗고 긍정적으로 사고하고 용서하며
이제 낙원의 노래를 부르려는데
아직도 남아있는 저항의 뿌리가
이곳저곳 한 여름 구름처럼 불거져 나와
또 다른 위령비를 세우려 하네

제주 곶자왈

곶자왈
넝쿨과 수목이 밀림을 이루는 곳
그 곳에 새소리 있고
바람소리 있으며
나뭇가지 사이로 스며드는 햇살이 있어
따스한 평화가 피어나고
바위 위를 흐르는 기다란 물줄기
영롱한 정적을 이루는 곳
나 이곳에 누워 푸른 하늘을 우러르며
생명을 생각하리

카르카소네의 성 니콜라스 성당에서

함성이 있었다
하늘 향해 부르짖다
권력아래 스러져간
청순한 영혼들이 외치고 있었다

삼위일체를 강요받던
30,000의 영혼이
하늘의 이름으로 살육되던
그곳 제단에

오늘도
삼위일체를 외우며
이긴 자들의
성찬의식이 행해지고 있었다

청순한 믿음은
포도주에 담겨
말없이 내 가슴에
스며들고 있었다

스페인 세비야 대 성당에서

그곳엔 신의 지배가 있었다
종교의 군림이 있었다
인간이 사라진 신의 세계
그곳엔 거짓이 드리워져 있었다

원리만이 추구되던 사회
알라를 부르는 독경 소리엔
쇠락과 증오와 갈등이 있었고

호화로운 촛대에는
타오르는 가식이

울리는 종소리에는
복종만을 요구하는
그림자가 있었다

에딘버러의 홀리루드 궁에서

다 사라지고 벽면 하나 남은
홀리루드 궁의 교회에는
함성이 있었다 구(舊) 질서에 항거하는
신교도의 함성이

하나의 하늘로
다른 하늘 무셔버린
얼굴 감싼 신도들

부셔야 새로워진다지만
한 껍질 벗은 하늘 뒤엔
같은 하늘이 웃고 있었다

카우아이의 밤

철썩철썩, 파도소리에 깨어
해변으로 나갔더니
하얀 별빛 쏟아지던 바다 위엔
커다란 거북이 너울거리고
발자국 하나 없는 백사장엔
바다사자가 누워 별을 보고 있었다

사각사각 소리 내며 걷던
서리 내린 논밭 위
수없이 쏟아져 내리던
크리스마스 날 밤의 별들
그 어린 시절의 추억이
바다사자 옆에 누워있었다

마우이의 해변에서

훌라의 가락처럼 불어오는
하와이의 산들 바람바람 사이
하얀 달빛에 취해
훌렁흘렁 옷 다 벗어던지고
달빛 속으로 들어가니
달이 나에게 말한다

네가 더 반짝인다고
너도 별이냐고,

나는 답한다, 아니! 옥토끼라고
계수나무 타고 올라 자유 찾은 옥토끼라고

와이메아2) 계곡에서

색이란 색은 모두 모여 있는 곳

그 곳엔
사람도
동물도, 바람도 소리도
장대한 시간도
빛이 되어 울리고 있었다

---

2) Waimea 계곡은 Kauai 섬에 있는 계곡으로 Mark Twain이 이를 보고 태평양의 Grand Canyon이라 했다

그랜드캐니언에 서서

아홉 번이나 바다가 되었다 다시 지상으로 올라오고
바람과 비와 구름이 억만 겁 들고난 후
또 다른 억만 겁의 세월 속에 내맡겨진 곳
사람은 뜬구름되고
시간은 빛이 되어
흐르는 곳
그곳엔
말 없는 돌탑 하나
천장의 단애 끝에
무지개되어 피어나고 있었다

Petrified 국립공원에서

까마득한 시간이 화석이 되고
이동하는 지각이 꽃으로 피어 난 곳
적도대赤道帶의 밀림이 멀리 북으로 와
사막이 된 채 멈추어버린 곳

그곳에 그곳에 서면

장구한 세월 면면히 이어내린 생명,
내가 보인다
나는 왔다가는 것이 아니었다

12부
나라

때로는 보호자로 때로는 압제자로
또 때로는 지켜야할 지고의 가치가 되는 나라
그 존재를 이야기하고 싶었습니다

의병이 건진 나라

조선시대 나라가 어려워지면
왜 의병이 일어나야만 했는지
이제야 알겠다
대통령이 임명하는 장관들을 보며

본인은 물론 자식들도 군대에 보내지 아니하고
독점한 정보를 이용 투기하고
갖가지 불법을 자행하며 살아온 고위 공직자들이
이 나라를 좌지우지하여 왔다는 것을
그래서 전쟁이 나면 다 도망가고 의병이 일어나야만 했던 것을

나는 묻는다

IMF에서
금융위기에서
나라를 건졌다고 얘기하는 관료들에게
나는 묻는다
당신은
거리로 내몰린
죄 없는 납세자들의
신음을 알고 있었냐고

남부여대 시골로 쫓겨간
중산층의 아픔을
더 아프게 한
정책 입안자들에게, 가식하는 정치인들에게
묻는다
당신의 국가는 우리의 국가와 같은 것이냐고

우리에겐 희망이 있다
- 세월호 참사 현장에서

우리에겐 희망이 있다
입고 있던 구명조끼 벗어주며
침수된 객실로 돌아간 학생이 있었기에

우리에겐 내일의 희망이 있다
너희들 탈출을 돕고 나중에 가겠다며
차가운 바다 속에 남은 인솔교사가 있었기에

우리에겐 밝은 희망이 있다
하나 남은 구명조끼를 입혀주고
자신은 별이 된 승무원이 있었기에

우리에겐 더 밝은 미래가 있다
살아나온 죄책감에 목숨을 끊은
교감선생님이 있었기에

우리에겐 분명 새로운 미래가 있다
선장의 객실 대기 지시를 따르다 차가운 물속에 남은
원칙을 지킨 젊은 학생들이 있었기에

승객을 버리고 먼저 변성명하며 구조선을 탄 선장
탈출용 보트조차 그대로 둔 채 도주한 선원들
학생들의 119 구조 요청 전화에
좌표를 물어보며 절체절명의 시간을 허비한 경찰
구조 지휘를 하던 총리에게 물병을 집어던진 희생자가족
관계자도 아니면서 가족대표를 한 정치지망자
희생자 명단 앞에 기념촬영을 한 고위공무원들

아직도 구명을 위해 책임회피에 급급한 선장
이들이 있어서 우리는 정의가 무엇인지
내일은 어떻게 해야 하는지 알게 되었다

학생들의 무사 귀환을 빌며 촛불을 켜든 시민들
하얀 국화꽃을 들고 단원고에 모여든 어린이들
간절히 간절히 기도하며 잠 못 이루는 해외 동포들
가사일 제쳐두고 눈물 흘리며 자원봉사하는 시민들

잘못하건 잘하건 관계없이 이들 모두가 함께 있어
내일의 우리에게는 분명 희망이 있다

세월호 침몰 해역에서

침몰되어 가는 배에서

입고 있던 구명조끼를 벗어주며
먼저 탈출하라던 학생

너희들 탈출 돕고 나중에 가겠다던
인솔교사

내 임무는 승객의 안전이라며
하나 남은 구명조끼를 입혀주던 승무원

그들은 모두 희망의 별이 되어
어두운 맹골 수로를 비추고 있다

선박여행의 답사를 나선 교사는
배 대신
항공기를 이용하고

수십 개의 탈출용 고무보트도
비상 사다리며 탈출용 포대도
펴지 않은 선장은
변성명하고 제일 먼저 탈출선을 탔다
선원들은 선장을 따라 두 번째로 탔다
승객은 객실에서 대기하라 하고

탈출했던 인솔 교감은
목을 매어 책임을 다하고
대통령은 잠 못 자고 노심초사하는데
선장은 아직도 살려고
원인조차 밝히지 아니한다

13부
시간

시간은 가고

전등을 끄고 밖을 보니
하늘엔 반달 하나
바로 어제가 보름이었던 것 같은데 벌써
여러 날 지났으니
그 동안 무엇하고 지냈는지 더듬어본다

그림 몇 장 그리고 난 것뿐인데

새벽 · 1

 살포시 산마루에 내려앉은 구름 뒤로
 속 깊은 푸른 하늘이 잔잔히 그 모습을 드리우고
 개구리소리, 닭울음소리가 정적을 이루는 새벽
 오토바이의 굉음 한 줄기 오래도록 내 머리를 흔드네

새벽 · 2

오늘 따라 창밖은 짙은 안개
버릇처럼 창을 연다
차가운 운무가 밀려든다
그 속에 가부좌를 틀고 앉으니
신선이 된 기분인데
온 가지 상념 끊임없이 휘몰아들어
머릿속도 오리무중
비우고 또 비우려는데
안개는 무럭무럭 커지기만 한다

시인 이규보

천 년 후대의 독자가 두려워
수 백 편의 시를 불태운 사람

술이 있어야 시가 있던 남편을 위해
전당포 찾아간 부인 앞에 눈물짓던 사람

권력자 앞에서 시를 지으면서
스스로 부끄러워했던 사람

외화 내빈의 시를 나무라며
80이 넘어서도 매일 시를 짓던 노인 앞에 선

허망한 나의 모습이여….

• 이 규보의 시론을 읽었다. 엄격한 운율에 젖어 있던 시절 자유로운 시작詩作을 시도한 그는 참 대단한 사람이다.   2013. 10. 4.

국립중앙도서관 출판예정도서목록(CIP)

지금 내 눈앞에 조용히 / 지은이: 김영수. -- 서울 : 문학공원,
2015 p. ;   cm
ISBN 978-89-6577-146-3 03810 : ₩10000
한국 현대시[韓國現代詩]
811.7-KDC6
895.715-DDC23   CIP2015018150

지금 내 눈앞에 조용히

초판인쇄일 2015년 7월 10일
초판발행일 2015년 7월 20일

지은이 : 김영수
발행인 : 김순진
편집장 : 전하라
디자인 : 김초롱
펴낸곳 : 문학공원
등 록 : 2004년 3월 9일 제6-706호
주 소 : 우편번호 130-814 서울 동대문구 난계로 26
         길 17호 삼우빌딩 C동 302호 스토리문학사
전 화 : 02-2234-1666
팩 스 : 02-2236-1666
홈페이지 : http://cafe.daum.net/yob51
이메일 : 4615562@hanmail.net

※ 책값은 뒤표지에 있습니다.
※ 저자와의 협의에 의해 인지는 생략합니다.